Original title:
Der Gefangene des Himmels

Copyright © 2024 Book Fairy Publishing
All rights reserved.

Editor: Theodor Taimla
Author: Jessy Jänes
ISBN HARDBACK: 978-9916-756-46-1
ISBN PAPERBACK: 978-9916-756-47-8

Himmel ohne Schranken

Wolken ziehen sanft vorbei,
Endlos weite, blauer Schein,
Gedanken fliegen himmelwärts,
Ohne Mauern, frei und rein.

Die Sterne blinken leis' herab,
Erzählen von der Ferne,
Versprechen uns die Freiheit nah,
Unendlich wie die Sterne.

Ein Windhauch flüstert leise zu,
Trägt Träume über Meere,
Im Himmel ohne Schranken,
Ziehen wir in die Ferne.

Sternengeheimnis

Sie funkeln in der Nacht so klar,
Ein Geheimnis tief und rein,
Von Zeiten fern und unerklärlich,
Erzählen Sterne hier und fein.

Im Dunkel ihre Sprache lehrt,
Von Rätseln, ewig, still,
Was war und ist, was einst wird sein,
Führt ihre Sprache will.

Ein Stern fällt still zur Erde hin,
Ein Wunsch sei dir gegeben,
Das Sternengeheimnis bleibt gehüllt,
In Dimensionsgeschehen.

Irdische Fessel

Die Erde hält uns fest umspannt,
Mit Mauern, dicht verwoben,
Doch Herzen schlagen voller Wunsch,
Die Freiheit hoch erhoben.

In Ketten träumen wir hinaus,
Wo Wolken sich erheben,
Doch Schwere bleibt, fesselt uns fest
Im Alltag, diesem Leben.

Und dennoch fliegt der Geist empor,
Löst uns von irdenen Banden,
Die Sehnsucht nach dem Himmelslicht,
Kann keinen Halt mehr finden.

Himmelspfade

Auf Himmelswegen wandern wir,
Durch Welten, weit und rein,
Ein Pfad aus Licht, ein Traum aus Glanz,
Wo Sterne immer sein.

Wolken gleich, wir wandern fort,
Ohne Ziel und ohne Rast,
Der Himmel weitet sich vor uns,
In Farben, rein und fast.

Geheimes Flüstern trägt uns weit,
Durch Räume, alt und neu,
Die Himmelspfade führen still,
Ins Reich der Sternenscheu.

Sehnsucht in Wolken

In den Wolken dort oben,
träumen wir von fernen Zeiten.
Unsere Sehnsucht, ungebrochen,
fliegt zu Welten, die uns leiten.

Durch die Lüfte sanft getragen,
wird der Drang stets neu erweckt.
Hoffnung bleibt, in stillen Tagen,
von den Himmeln unerschreckt.

Flügel aus Gedanken,
schweben leise in die Ferne.
Sterne führen uns zum Ranken,
in des Himmels stille Sterne.

Unsichtbare Fesseln

Fesseln, die kein Auge sieht,
halten uns im Stillen fest.
Die Freiheit, die im Herzen zieht,
bleibt ein fernes, leises Fest.

Worte, die kein Ohr versteht,
flüstern leise in die Nacht.
Traum und Wirklichkeit verweht,
in der stillen, dunklen Macht.

Unsichtbare Ketten binden,
das Herz, das nach Befreiung strebt.
Doch zwischen uns das Licht zu finden,
das uns in die Freiheit hebt.

Sternengefängnis

Inmitten von Sternen, so klar und so rein,
fühlen wir Sehnsucht, noch freier zu sein.
Gefangen im Glanz dieser leuchtenden Nacht,
wird unser Herz von Träumen bewacht.

Leuchtende Gitter aus purem Licht,
halten den Geist in schimmerndem Blick.
Im Tanz der Sterne, in himmlischer Pracht,
träumt unser Herz, doch es wacht.

Zwischen den Welten, so endlos weit,
finden wir Hoffnung und Zärtlichkeit.
Doch tief in des Herzens Sternengefängnis,
träumt unser Geist von der Freiheit endlos.

Himmelsschloss aus Träumen

Hoch oben thront das Schloss der Träume,
aus schimmernd weißem Wolkenmeer.
Jede Tür führt in Geheimnisse,
doch frei sind wir, und unbeschwert.

Von golden Glanz und Silberstrahlen,
verzaubert sind die Hallen hier.
In diesem Schloss, so lichtumwogen,
folgen wir des Herzens Vier.

Jeder Raum ein neues Wunder,
jeder Blick ein Sternenschein.
Himmelsschloss aus Träumen, leise,
führt uns hin zu Weiten rein.

Sternlosschimmer

In der Nacht, da glimmt das Licht,
Sternglanz schimmert sacht.
Fern am Firmament er spricht,
eine Botschaft in der Nacht.

Schweigen widerhallt so tief,
Funkeln wie ein zarter Traum.
Der Himmel, der sein Lied uns rief,
trägt das Sternenlicht in Saum.

Zartes Flüstern, kühler Hauch,
Schatten tanzen leicht.
Zwischen Sternen, Traum und Rauch,
die Ewigkeit uns streicht.

Gefangene Wolkenschlösser

Hoch am Himmel bauen wir,
Schlösser aus den Wolken.
Träume, die wir beide hier,
in den Lüften schmücken.

Turm bei Turm aus Dunst und Luft,
Festungen aus Träumen.
Doch der Wind, in einer Gruft,
beginnt sie zu versäumen.

Bleibend nur in Herz und Sinn,
Flüchtig wie der Hauch.
Wolkenschlösser, die wir spinnen,
zerrinnen wie im Rauch.

Gebannt im Himmelsblau

Weite, die ich nur erspäh,
in ætherblauem Reigen.
Lichtstrahlen im endlosen See,
die in den Himmel steigen.

Jeder Blick zum Firmament,
ein Funken Hoffnung klug.
Zu den Wolken, die uns nennt,
trägt der Himmel Fluch und Trug.

Doch die Farben leuchten klar,
in dem weiten Blau.
Unsere Sehnsucht, wunderbar,
schwebt im Himmelsbau.

Verloren im Zenit

Sonne steht im höchsten Punkt,
die Schatten schweigen nun.
Der Himmel frei und weit und bunt,
wir scheinen auszuruhn.

Hitze flimmert auf der Haut,
wo alles still verharrt.
In der Glut, die uns vertraut,
wird die Seele sanft gehärt.

In der Ferne flirrt ein Schein,
Träume, die verbiegen.
Doch wir beide sind allein,
uns im Zenit zu wiegen.

Himmlisches Dilemma

Zwischen Sternen funkelt die Frage,
Träume zerfliessen, mystisch, sacht.
Darunter sehnt sich meine Klage,
Nach ewiger, sanfter Nacht.

Engelsflügel, zarte Weiten,
Rufen leise durch die Sphären.
Doch in Herzen, Schatten gleiten,
Liebe kann den Himmel leeren.

Himmel reißt in tiefe Teile,
Ungewissheit – landet schwer.
Zwischen Himmelssphären, feile,
Frische Tränen, müdes Meer.

Mondfesseln

Silberkette, sternenlider,
Umfasst das Licht, in kalter Flucht.
Karussell der Träume, wieder,
Schließt den Kreis der nächt'gen Zucht.

Ganz umgarnen, Sternenspinnen,
Weite Horizonte mild umstrickt.
Herzen finden Mondes Sinnen,
In der Nacht von Licht geschickt.

Zarte Beugen, Silberdraht,
Fängt den Traum im stillen Lauf.
Fädeln Fesseln, Mondes Pfad,
Nachts, des Dunkels, heimlich drauf.

Himmelsbrücke

Leichte Schritte über Weiten,
Himmelsbrücken tragen sanft.
Hin zu Welten, die uns leiten,
Über Sterne wandern, ernst.

Nebel wandern, vor dem Scheine,
Sonnenstreifen brechen Licht.
Dort, in Ferne, meine Beine,
Wiegen mich, doch fürchtend nicht.

Wolken flüstern, schwer und leise,
Eine Brücke nur für zwei.
Treu erklimmen wir die Reise,
Zwischen Sterne, endlich frei.

Geheime Atmosphäre

Leise haucht der Nebeltraum,
Flüstert Worte, fast verhallt.
In der Luft, ein Himmelsraum,
Sanft im Dämmerlicht bezahlt.

Um uns schmiegen, zarte Schwingen,
Schatten tanzen im Verein.
Unbekannte Lieder singen,
Wogen still ins Dasein rein.

Geheimnis, das die Nacht birgt still,
Bleibt für uns allein bewahrt.
Schützend hält die Welt im Schwall,
Atmosphäre – heimisch zart.

Verbotener Horizont

Am Rande der Welt, wo Schatten lauern,
Steht ein Tor zu verborgenen Schauern.
Die Sterne flüstern uralte Kunde,
Von Geheimnissen, die sie gefunden.

Doch vorwärts wagt sich kein Wanderer hier,
Denn Furcht sich mischt mit der Neugier.
Die Grenze bleibt ein Mysterium,
Ein verbotenes Delirium.

Das Herz schlägt schneller, der Atem stockt,
Ein Blick genügt und die Zeit verlockt,
Zurück ins Vergangene, dem nicht vertraut,
Wo jeder Pfad ins Unbekannte schaut.

Himmlische Verbannung

Im Himmel sitzt ein Engel und weint,
Verbannt aus dem Paradies vereint.
Sein Flügel zerbrochen, seine Seele betrübt,
In der Ferne die Hoffnung, die im Nebel sich trübt.

Er blickt hinab auf die traurige Welt,
Wo Schmerz und Leiden das Leben bestellt.
Doch in seinem Herzen funkelt noch Licht,
Ein Funke des Glaubens, der Hoffnung verspricht.

Verbannt doch ungebrochen schaut er auf,
Sein Geist wandelt zwischen Traum und Lauf.
Mit Blick zu den Sternen in weiter Ferne,
Trägt er die Sehnsucht, das Ewige gerne.

Befreite Seelen

Im tiefen Tal der Trauer und Schuld,
Erheben sie sich mutig und voll Geduld.
Von Fesseln befreit, die einst sie nahmen,
Die Seelen nun in Freiheit erstrahlen.

Ein Windhauch trägt ihre Lieder hinauf,
Über Berge, Flüsse und weiten Lauf.
In Harmonie schwingen sie weit und breit,
Frei von Schatten und Dunkelheit.

Die Sterne am Himmel, ein ewiges Licht,
Begleiten die Seelen, die Hoffnung verspricht.
Ein Tanz der Freiheit, so sanft und leicht,
Die Nacht erhellt, die Dunkelheit weicht.

Wolkenhüter

Hoch oben in den Wolken wohnt ein Hüter,
Er zählt die Träume eines jeden Lüfter.
Sein Blick schweift über das weite Land,
Im Morgengrauen, von Sternenhand.

Ein leises Flüstern in der stillen Nacht,
Er hört es und wacht mit sanfter Macht.
Die Wolken ziehen in bunten Reihen,
Getragen von Wünschen, die niemals verzeihen.

Am Horizont die Sonne sich neigt,
Eine goldene Brücke der Hoffnung zeigt.
Der Wolkenhüter bleibt auf dem Posten,
Schützend das Himmelszelt, frei von Lasten.

Sphären der Enge

In Räumen so klein,
Wo Träume vergehen,
Blühen keine Blumen,
Kälte wird bestehen.

Die Luft ist schwer,
Atmen fällt schwer,
Gedanken sind gefangen,
Herzen sind leer.

Fensterlose Wände,
Dunkel ist die Zeit,
Kein Lichtstrahl findet,
Seinen Weg ins Geleit.

Hoffnung wird erdrückt,
Zeit vergeht im Grauen,
Das Herz schlägt leise,
Hoffend auf Vertrauen.

In der Enge gefangen,
Sehnsucht brennt wie Feuer,
Ein Funken der Rettung,
Wär unser einziger Streuer.

Verbannung ins Blau

Weit weg verbannt,
Ins ewige Blau,
Seelen wandern einsam,
In himmlischer Schau.

Ohne festen Grund,
Schweben wir fort,
Im Ozean des Himmels,
An einem fremden Ort.

Gedanken fliegen frei,
In blauer Einsamkeit,
Ewig ohne Ufer,
Verlier'n sich die Zeit.

Sterne als Begleiter,
Schweigen in der Nacht,
Ferne Horizonte,
Sind das, was auf uns wacht.

Im endlosen Blau,
Freiheit schmückt das Leid,
In einsamen Träumen,
Verblasst die Wirklichkeit.

Wolkenloser Seufzer

Ein Himmel klar und weit,
Kein Wölkchen in Sicht,
Seufzer der Erleichterung,
Im strahlenden Licht.

Sonnenstrahlen wärmen,
Die Seele im Glanz,
Kein Schatten fällt,
Auf des Tages Tanz.

Vögel singen Lieder,
In unbefleckter Luft,
Freiheit ruft und lockt,
Mit blumigem Duft.

Herzen schlagen ruhiger,
Fern von Leid und Pein,
In wolkenloser Weite,
Kann das Glück nur sein.

Dieser Seufzer trägt,
Hoffnung in die Welt,
Wo alles klar und leicht,
Das Leben heller zählt.

Astrale Gefangenschaft

Im Kosmos gebunden,
Von Sternen umringt,
Schweben wir verloren,
Wo Zeit nicht mehr klingt.

Gefangen im Licht,
Der ewigen Weiten,
Ohne Fluchtweg,
Beherrschen uns Zeiten.

Das Universum schweigt,
Raum und Zeit entgleiten,
Unendlichkeit drückt,
Auf unsere Seiten.

Im Vakuum des Alls,
Kein Laut, kein Schrei,
Gefangen in der Leere,
Fühlen wir uns frei.

Astrale Fesseln,
Schwer und doch so leicht,
In dieser Einsamkeit,
Nichts uns mehr erreicht.

Engelsbann

Ein Hauch von Licht im Dunkel stand
Ein Engel, weit entfernt vom Land
Ergriffen doch in stiller Ruh
Gebannt, als wäre's nie genug

Die Flügel schwer, die Herzen leicht
Was einst vereint, nun gänzlich weich
Ein Flüstern an des Himmels Tor
Ein Bannen, wie noch nie zuvor

Der Sternenflug, ein sanftes Spiel
Ein Band, das Himmel trägt, so viel
Doch ferne Welten, leise Trauer
Im Engelhaar die Abenddauer

Der Engel blickt zum Firmament
Ein Traum, der seine Tränen kennt
Gebannt auf ewig soll er sein
Ein Funkeln nur im Dunkel rein

Wolkenkäfig

Die Wolken, wie Gefängniswände
Umfangen mich mit sanften Händen
Gefangen in des Himmels Prunk
Ein Käfig, schimmernd und so jung

Doch freiheitslos in diesem Raum
Schwingt leise fort ein ferner Traum
Von Weiten, unbeschwert und klar
Ein Sehnen, das ich heimlich bar

Die Wolken, weiß wie Silberhaar
Sie halten mich, ganz wunderbar
Mit sanften Federn, ohne Müh
Und doch ich bleibe, wie verglüht

Mein Herz, es pocht im Wolkenschloss
Die Freiheit ruft, ein ferner Kos
Doch hier im Käfig mag ich sein
In Wolken weich, in Träumen rein

Himmel ohne Flügel

Ein Himmel blau und grenzenlos
Doch ohne Flügel, schweb ich bloß
Die Träume fern, der Sehnsucht viel
Ein Himmel doch, so still und kühl

Die Vögel ziehen ihre Bahn
Und einsam bleibt der Mensch sodann
Ohne Schwingen fliegt er nie
Gestrandet in des Lebens Müh

Doch träumt er still von Himmelszelt
Von weiter Welt, die ihm gefällt
Die Flügel fehlen, doch der Schein
Erfüllt das Herz mit einem Sein

In Sternennächten, fern und still
Ein Himmel ohne Flügel will
Ihn träumen lassen, leicht befangen
Von Freiheit, die nur Flügel fangen

Himmelsschlüssel

Ein Schlüssel golden, fein geschmiedet
Öffnet Tore, Lang vermieden
Zum Himmel führt der leise Gang
Ein Losgelöstsein, himmelwärts lang

Die Sterne weisen ihm den Pfad
Der Himmelsschlüssel, alles tat
Er öffnet Türen, bleibt ein Traum
Ein goldenes Glühen, himmelstraum

Die Wolken teilen sich entzwei
Ein Schritt, und Himmel ist dabei
Die Träume führen, sanft, hinein
Zum Schlüsselbund im Himmelsrein

Und steh ich vor der Himmelsweite
Der Schlüssel dreht, die Welten Seite
Ein Sehnen wird zur Wirklichkeit
Der Himmelsschlüssel öffnet weit

Himmelsflucht

Ein Lichtstrahl bricht die Nacht entzwei,
Sterne tanzen, weit und frei.
Wolken segnen ihren Lauf,
Hoffnung steigt im Himmelslauf.

Flügel, die im Wind erblüh'n,
Zeichen, die vom Himmel glüh'n.
Stille trägt die Zeit hinauf,
Ein Traum wird unser Lebenslauf.

Hoch erhaben über's Land,
Freiheit ewig, uns verwandt.
Nächte malen Bilder klar,
Ein Stern, so nah und doch so rar.

Feuerflammen, Sorgenfeind,
Nichts ist, was den Mut vereint.
Schwingen tragen, sanft und sacht,
Ins Unbekannte, himmelpracht.

Fern die Erde lässt uns los,
In den Himmeln ahnungslos.
Weite ruft uns, weit und breit,
Ewigkeit in jeder Zeit.

Der verschlossene Kosmos

Schwarze Leere, ohne Licht,
Unbekannter Raum, er spricht.
Galaxien, unerkannt,
Fernes Funkeln, fremdes Land.

Schlüssel der Unendlichkeit,
Sperrt das Tor, doch ohne Zeit.
Flüchten will kein Licht hinaus,
Kosmos bleibt ein stilles Haus.

Flüsternd zieht die Sternennacht,
Tief verborgen, unermacht.
Schleier, die die Sicht verbaut,
Kosmos bleibt, von Träumen staubt.

Dunkle Weiten, still und klar,
Unerschöpflich, sonderbar.
In den Tiefen, fest verschloss'n,
Kosmos, unser Traumes Schloss.

Hoffnung keimt in ewig' Ruh,
Flieht ins Nichts, was wir einst tu.
Kosmos hält die Zeit gefang'n,
In den Weiten, Himmelsklang.

Sphären der Freiheit beraubt

Licht und Schatten, Tanz im Raum,
Freiheit nur ein leerer Traum.
Ketten, die die Flügel schnür'n,
Sphären, die uns sanft verführ'n.

Freiheit ruht in Eisen fest,
Eingeengt im Fernen Nest.
Winde pfeifen, einsam still,
Tragen uns im Bandenwill.

Weiten schließen Grenzen nah,
Hoffnung bleibt nur dunkel da.
Wunsch zu fliehen, stark und klug,
Sphären, Freiheit, schwer genug.

Fesseln halten, schweren Sinn,
Freiheitsdrang weht tief dahin.
Sphären rauben uns das Licht,
Schatten bleiben, trüb Gesicht.

Doch der Geist, er wandert weit,
Über Grenzen, durch die Zeit.
Freiheit findet, was verblieb,
Im Gedanken, ewig liebt.

Gefangene Welt oben

Wolkenreich und Himmelspracht,
Halten uns in ihrer Macht.
Weit entfernt, doch nah zugleich,
Wird die Freiheit schnell so bleich.

Flügel schlagen, fest gefang'n,
Zwischen Sternen, tief verlang'n.
Weite bleibt der ferne Traum,
Himmelswelt im engen Raum.

Träume jagen, Sehnsucht schwebt,
Doch die Freiheit still entschwebt.
Oben hält das Himmelsland,
Geist und Sinn in sanfter Hand.

Schimmernd träumt das Sternenlicht,
Wird zur Ferne, doch erreicht nicht.
Freiheit sucht, was nie sie fand,
Oben bleibt ein stilles Band.

Kettenlosen Traum verwandt,
Freiheit still im Geiste fand.
Oben sucht, was unten ruht,
In den Welten, die es tut.

Wolkenkäfig

Zu hoch hinaus, vom Wind getragen,
Träumen wir im stillen Bogen,
Unter Himmelsfahnen fragen,
Warum die Zeit so still entzogen.

Berge fern und Horizonte,
Den Weiten sind wir untertan,
In glückesferne Eremitage,
Leben wir im Wolkenwahn.

Nebel treiben uns zu sinnen,
Die Sterne nah und doch so fern,
Ganz gefangen in den Höhen,
Herzen schweben, schwer wie Erz.

Zarte Fesseln, die uns halten,
Hoffnung schimmert nur ganz leicht,
In den Wolken, fern von unten,
Ist die Sehnsucht stets erreicht.

Doch der Tag, er kehrt zur Erde,
Oben einsam, Licht verklärt,
In dem Wolkenkäfig gahren,
Freiheit stets, die uns belehrt.

Flügel in Ketten

Gebunden sind die Wege,
Flügel stark und doch so schwer,
Der Traum von Freiheit nebelgrau,
Verlorenheit im Morgenmeer.

Der Horizont, er ruft in Weite,
Und Ketten, böse, klirren nur,
An Flügeln hängen Weltenkummer,
Gefangen in der Erden Spur.

Jeder Schlag, ein Beben leiht,
Wo Freiheit sich verloren zeigt,
Und Flügel, einst so wild im Wind,
Jetzt in stummen Ketten weilt.

Doch auch die Ketten können reißen,
Wann der Mut die Hürde bricht,
Hoffnung funkelt in den Augen,
Flügel flattern zum Tages Licht.

Im End' der Freiheit blühend Flur,
Kein Gewicht mehr an den Schwingen,
Erlöst der Geist aus dunkler Spur,
Kann er wieder selig singen.

Sphären im Bann

Durch Zeitenraum und ewig Stille,
Die Sphären schweben glanzentfernt,
Ein Bann, der uns gefangen hält,
Doch fernes Licht, das unerlernt.

Im Raum der Sterne ewig funkeln,
Nebel wogt und Gedanken fliehn,
In Bannen ferner Galaxien,
Lebt Traum, den wir nie verzieh'n.

Sphären tragen Auf und Beben,
Das Sehnen nach der Ewigkeit,
Durch Raum und Zeit wir unentschieden,
Hoffnung ohne Endlichkeit.

Unendlichkeit im Bann gefangen,
Wir greifen nach dem Sternenstaub,
Lebend in der Sphären Blenden,
Ewiglich, den Traum beraubt.

Doch auch im Bann der kühlen Sphären,
Glimmt ein Funke weit entfernt,
Verwehrt uns nicht das tiefe Sehnen,
Nach der Freiheit, die nie verlernt.

Verlorenes Sternenlicht

Wo einst das Sternenlicht geleuchtet,
Ein funkelnd Netz im Himmelsgrund,
Hat Dunkelheit das Licht gelöscht,
Verloren Strahl, in Aschemund.

Die Sterne blinken weit entfernt,
Vergangen sind die Nächte klar,
Wo Lieb' und Hoffnung uns erreicht,
In Sehnsucht glühend immerdar.

Vergebens such' ich, fern und nah,
Jenen Glanz, der war gewohnt,
Doch nur die Schatten wandeln da,
Wo Sternenlicht einst Heimat fand.

Im Herzen trage ich die Glut,
Von jenen Nächten ohne Grau,
In Dunkel, suchend nach dem Mut,
Für Licht, das flieht als Morgentau.

Vielleicht, in ferner Zukunft Schein,
Erglimmt erneut das Sternenlicht,
Doch jetzt im Dunkel lebe ich,
Verloren, bis der Tag anbricht.

Kosmische Freiheit

Durch das All, so weit und klar
Freiheit ruft, ein Leben wahr
Schweben wir im Sternenmeer
Fern von irdischem Beschwer

Leuchten dort, ein helles Licht
Freiheit sucht, verpasst uns nicht
Fern der Erdenschwere, schwer
Sammeln wir kosmisches Flair

Gedanken frei, ins All gesandt
Kein Fessel hält, kein fester Stand
Schweben sanft, schwerelos
In Freiheit, grenzenlos

Ewig Raum, so unentdeckt
Freiheit endlos, uns bedeckt
Träumen kühn im Sternenglanz
Tanzen dort im Freiheitstanz

Sterne sprechen, sacht und leise
Kosmos hier, wir auf der Reise
Freiheit winkt, ein neuer Morgen
Fern von allen Erdensorgen

Himmelsverborgenheit

Wolken dort am Himmelszelt
Geheimnisse, die Welt erhellt
Versteckt in sanfter Nebelhaut
Ist das Himmelsreich vertraut

Schweigen lässt es, leis und klar
Das Firmament, so wunderbar
Verborgen liegt die Weisheit dort
In himmlischer Geborgenheit fort

Niemand weiß, was Sternen wiegt
Was der Himmel still verschwiegt
In Verborgenheit erstrahlt
Wissen, das uns dämmernd malt

Himmelsferne, tief und still
Zeigt uns, was das Herz erfüllen will
Sanft das Blau, die Wolken weich
Birgt Geheimnisse, himmlisch reich

Höhen, die kein Auge sieht
Wo sich Himmelslicht ergießt
Verborgen bleibt, was ewig lebt
Und der Sterne Frieden webt

Himmel des Ungehorsams

Stürme toben, wild und frei
Himmel trotzt, doch nichts dabei
Ein Sturm des Ungehorsams kehrt
Alles Alte unversehrt

Blitze zücken, laut und hell
Himmel schreit im Unbefell
Durch das Grau, in Lichtes Macht
Freiheit neu, im Zorn erwacht

Wolken tanzen, wirren klug
Frei vom alten Himmelsflug
In Revolte, wildes Sein
Himmel trotzt und widerspricht

Wellen brechen, stürzen tief
Doch der Himmel bleibt, er ruft
Ungehorsam, Stolz und Kraft
Neuer Himmel, der uns schafft

In der Ferne stürmt's und dröhnt
Doch der Himmel wird verschönt
Aufbruch ruft, in Blitzesschein
Ungehorsam, unser Schrein

Himmelslicht und Schatten

Licht am Himmelszelt erwacht
Tag beginnt in voller Pracht
Doch im Schatten, dämmernd still
Ruht das Leben, wie es will

Sonne strahlt, im Glanz erhellt
Doch auch Dunkelheit uns quält
Zwischen Licht und Schatten dann
Findet Leben seinen Bann

Himmelslicht im Morgengrauen
Schatten, die das Dunkel schauen
Balance, die das Leben hält
Zwischen Licht und Schattenfeld

Strahlen blitzt, der Abend sinkt
Neuer Tag, der bald beginnt
Licht und Schatten, Hand in Hand
Zeigt uns das Himmelsband

So erleben wir den Tag
Licht und Schatten, was es mag
Himmel zeigt uns, wie es geht
Leben, das im Gleichklang steht

Gefangene Sterne

Im Netz der Nacht so klar und rein,
Gefangen Sterne schimmern fein.
Ihr Licht gefangen, dennoch hell,
Ein Sternenstrahl, ein Himmelsquell.

In dunkler Ferne wohl gesperrt,
Ein Funkeln, das die Welt erklärt.
Wie Traumschlösser in weiter Ferne,
So leuchten sie, die kleinen Sterne.

Gesänge der Unendlichkeit,
Die Dunkelheit sich zärtlich weiht.
Gefangen, doch im Glanz so frei,
Ein ewiges Sternengeleit.

Jeder Stern ein Hoffnungsschein,
Gefangen, dennoch nicht allein.
Sie weben Träume in der Nacht
Und stillen Sehnsucht, die erwacht.

Gefangene Sterne, strahlend still,
Ein jeder, der das Dunkel füllt.
Mag sein ihr Glanz im Käfig klein,
Doch ihre Freiheit leuchtet rein.

Kosmische Gitter

Durch Raum und Zeit, in weitem Bogen,
Ziehen Gitter fein gewoben.
Kosmische Netze, endlos weit,
In ihnen schläft die Ewigkeit.

Ein Fangnetz aus dem Sternenstaub,
Gebunden an des Himmels Laub.
Gefangen in des Alls Geäst,
Ein ewig wirkender Protest.

Galaxien in Korsetten,
Funkeln frei in Netzens Betten.
Doch schafft das Gitter Harmonie,
Ein Kosmosbild der Symmetrie.

Zwischen Welten, fein versponnen,
Träume in die Nacht gewonnen.
Stern für Stern und Licht für Licht,
Ein unendliches Gedicht.

Kosmische Gitter, lichtdurchwebt,
Wo jede Seele Ruhe hebt.
Ein Mysterium und Bildner Zeit,
Ein Netz, das unser Sein umkleidt.

Himmelstürme

Hoch hinaus ins Himmelsblau,
Streben Türme kühn und schlau.
Wolkenreiche Gipfel streben,
Zwischen Sternen nach dem Leben.

Aus Stein geboren, stolz und klar,
Reichen sie dem Himmel nah.
Wie Boten in die Ferne sehen,
Den Himmelstürmen kann man nicht entgehen.

Majestätisch, stark und fein,
Umfangen sie des Horizonts Schein.
Ihre Spitzen küssen sacht,
Das Sternenmeer in dunkler Nacht.

Himmelstürme, Zeugen Zeit,
Führen uns in Ewigkeit.
Den Blick hinauf, das Herz gespannt,
Nach oben wo die Freiheit fand.

Durch Nebel, Staub und Regenbogen,
Streben sie nach oben, ungezogen.
Ein Monument des Träumens Morgen,
Himmelstürme, nie verborgen.

Himmelstränen

Wenn Wolken weinen still im Schmerz,
Und Tränen fallen himmelwärts.
So traurig, doch so rein und klar,
Ein Himmelstränen-Flutenschar.

Tränen, die Geschichten weben,
Von Trauer und von neuem Leben.
Ein Regen aus des Himmels Duft,
Ein sanfter Trost in freier Luft.

Da tanzen Tropfen leis herab,
Auf Erd' und Meer und kargen Sand.
Ein Schleier aus kristallnem Licht,
Verzögert sich und still zerbricht.

Himmelstränen, voller Kraft,
Die Hoffnung in die Herzen schafft.
Ein Meer aus Tränen, sanft und mild,
Das Leben neu aus Erde quillt.

Wenn Himmel leise Träne weint,
Und Seelen sich im Regen eint.
So singen sie der Trauer Lied,
Bis neuer Tag den Schmerz entflieht.

Gefangener Horizont

Der Horizont so fern und nah,
Verwehrt uns Freiheit, immer da.
Umklammert fest den Horizont,
Wo Hoffnung tief im Herzen wohnt.

Gefesselt fliegt mein Blick hinaus,
Eingesperrt im stummen Haus.
Der Himmel malt in Grau und Blau,
Die Träume schwer, der Tag so flau.

Der Wind erzählt von fremder Welt,
Von Freiheit, die uns hier umfällt.
Doch jeder Schritt bleibt fest im Sand,
Gefangen sein ist unser Band.

Die Ferne ruft im stillen Schmerz,
Doch schwer die Kette um das Herz.
Der Horizont bleibt unentdeckt,
Ein Rufen, das im Nichts verreckt.

Gefangener Horizont, du Qual,
Doch träumen wir, so viele Mal.
Bis irgendwann die Kette bricht,
Und sich die Seel' ins Weite richtet.

Im Schatten des Firmaments

Sterne leuchten, fern und kalt,
Im Schatten, dunkel, urgewalt.
Nacht umhüllt die Welten hier,
Im Schweigen, brilliert das All zu mir.

Das Firmament, ein weites Netz,
Umspannt uns still, es ist Gesetz.
Doch wo das Licht den Schatten küsst,
Gebären Träume sich, ganz sacht und süß.

Im Dunkel funkeln Seelen hell,
Ein leises Flüstern – Lebensquell.
Der Himmel ruht, von Ewigkeit,
Im Schatten herrscht die Zauberzeit.

Jeder Stern erzählt die Zeit,
Von Hoffnung, Schmerz und Dunkelheit.
So wandeln wir durch diese Nacht,
Von Sternenlieder angedacht.

Im Schatten erst entdeckt man Licht,
Das strahlend durch das Dunkel bricht.
Der Firmament, die Sternenflut,
Ein ew'ger Tanz von Schmerz und Mut.

Zerbrochene Himmelsträume

Träume fliegen hoch hinauf,
Zerbrechen leise, stürzen drauf.
Im Himmel einst so fern und klar,
Nun liegt ihr Glanz vergangen da.

Der Traum vom Fliegen, frei und rein,
Zerschlagen nun im großen Sein.
Vom Wind verweht, im Schmerz erfroren,
Zerbrochen, Himmelstraum verloren.

Ein leises Rauschen, flüstert still,
Von Wünschen, die das Herz erfüllen.
Doch bleibt der Himmel grau und leer,
Wo Hoffnung starb, fliegt nichts mehr her.

Zerbrochene Träume, Staub im Wind,
So flüchtig, dass sie leben sind.
Doch in den Scherben leuchtet klar,
Ein Funke Wärme, wunderbar.

Die Träume, die der Himmel kennt,
Erzählen leise, wer wir sind,
In ihrer Schwachheit liegt die Kraft,
Die uns zurück ans Licht gebracht.

Licht im Exil

Verbannt vom Tag, vom Dunkel tief,
Ein Licht im Exil, das ewig rief.
Wo Schatten dichten Schleier webt,
Das Herz im Stillen, Sehnsucht hegt.

Verloren in der Weiten Schlund,
Wo Dunkelheit das Licht verwundt.
Doch strahlt ein Funke tief und klar,
Im Exil, das Licht ganz fern und rar.

So sucht die Seele Pfade hell,
Durch Dunkel, durch das tiefe Well.
Verbannt vom Licht, das sie vermisst,
Doch in der Ferne Hoffnung ist.

Das Exil birgt Räume weit,
Wo still das Licht ins Dunkel schreit.
Es zeugt von Kraft, es zeugt von Wut,
Durchfährt das Herz entfaltet Mut.

Im Exil strahlt dennoch klar,
Ein Licht, das lebt, das immer war.
Verbannt, verloren scheint es hier,
Doch letztlich kehrt es heim zu dir.

Himmelshof

Hoch oben thront, im Glanz verhüllt,
Der ewge Hof aus Wolken rein.
In stiller Nacht, mit Sternen erfüllt,
Zieht uns sein Zauber tief hinein.

Ein Wispern sanft durch Lüfte gehaucht,
Vom Schweigen tief berührt.
Als hätt' ein Engel leis' gehorcht,
Auf dass kein Sturm ihn rührt.

Der Mond, ein Wächter über Nacht,
Sein Schein so klar und rein.
Die Träume leise zugebracht,
Ich wünsche mir dort, stets zu sein.

Wolkenfelder, schneeweiß Pracht,
Die Himmelshalle weit.
Im Himmelshof bei sternenklarer Nacht,
Erstrahlt die Ewigkeit.

Ein Funkeln leis', das nie verblich,
In Augen unverwandt.
Der Himmelshof in ewigem Licht,
Hält uns fest in seiner Hand.

Gefesselte Sterne

In Fesseln liegen weit und fein,
Die Sterne, hell, am Himmelszelt.
Ein jeder glimmt im Dunkel klein,
Als wär'n sie zur Ewigkeit bestellt.

Gefangen hier im stillen Raum,
Doch frei in ihrem Glanz.
Ein jeder Stern, ein leises Traum,
Erreicht uns im Tanz.

Im Netz von Licht und Schatten weich,
Sind Sterne tausendfalt.
Sie funkeln, doch in ihrem Reich
Bleibt ihre Freiheit kalt.

Gefesselt von der Zeit so stumm,
Ein Flüstern in der Nacht.
Doch in der Ferne, immer drum,
Der Sterne Liebe wacht.

Die Ketten lose, Hoffnung frei,
Erzählt von Alter Pracht.
Gefesselte Sterne, weit herbei,
Glühen in der stillen Nacht.

Himmlisches Echo

Ein Echo hallt durch Himmelsraum,
Durch Sternenstaub und Zeit.
Es flüstert leise meinen Traum,
Von fernster Ewigkeit.

Die Stimmen guter Seelen sacht,
Erklingen zart und fein.
Ein jeder Laut in stiller Nacht,
Soll unser Herz erfreu'n.

Im Widerhall von Sternen klar,
Verklingt die Zeit so sanft.
Das Echo himmlisch, wunderbar,
In tiefer Liebe schwankt.

Ein Lied, das ewig widerhallt,
Von Freude und von Leid.
Im Himmelstor, so sternenalt,
Bleibt uns're Unendlichkeit.

Himmlisches Echo, ferne Klang,
Erfüllt den stillen Raum.
Die Sterne singen Lobgesang,
Verwirklicht unsern Traum.

Sternenfessel

Ein Strahl von Licht hält fest die Nacht,
Von Sternen Band gesponnen.
In stiller Pracht, so leise, sacht,
Ein Traum in uns gewonnen.

Die Sterne tanzen ferne rings,
Im Dunkel und im Schweigen.
Ein jeder Punkt, von Liebe trinkt,
Kann uns sein Herz nur zeigen.

Gefesselt durch des Himmels Macht,
Die Sternenfessel stark.
In ihr die Wunder der dunklen Nacht,
Ein Glanz, der uns bewahrt.

Ein jeder Stern, ein Leuchtfeuer,
Hält fest das Firmament.
In dunkler Nacht, mit Glanz geheuer,
Ein Bild, das uns erkennt.

Die Fesseln sind von Licht gemacht,
Ein zarter Überzug.
Hält Sternen klar in ew'ger Pracht,
Im Himmelsfesselzauberzug.

Gefangene Träume

In der Nacht, da träum' ich leise,
von Welten ganz weit fort,
Geflüster auf geheimner Reise,
im Traumland liegt ein stiller Ort.

Gefangene Träume weben,
ein Netz aus Licht und Zeit,
durch unsichtbare Ströme schweben,
hinterlassen keine Spur im Kleid.

Des Mondes Strahlen tauchen,
die Nacht in Silberglanz,
Traumbilder, die wir brauchen,
erzählen ihren stillen Tanz.

Ein Stern fällt durch die Dunkelheit,
Wunschträume werden wach,
ein Himmelstor, so weit,
erleuchtet uns die Mitternacht.

Gefangene Träume flüchten,
bevor der Tag erwacht,
wie Sehnsucht, die uns sichten,
in tiefster, stiller Nacht.

Himmelsfessel

Ein Knoten aus Sternenlicht,
verwoben im Himmelsraum,
gefangen in Nachtgesicht,
welch' ein wunderschöner Traum.

Im Netz aus glitzerndem Schein,
halt' ich die Ewigkeit,
die Dunkelheit ist mein,
verliert sich in der Zeit.

Himmelsfesseln stehlen Freiheit,
ein süßer, sanfter Bann,
im Meer des Lichts, so weit,
wo alles begann.

Gefangen in Samt und Seide,
träum' ich von einem Hort,
in ferne Weite gleite,
den Kometen fort.

Ein Seufzer, lang und leise,
die Fessel löst sich sanft,
ein Stück vom Firmament, auf Reise,
fortgetragen durch Himmelsdampf.

Himmelswächter

Hoch oben über den Wolken thront,
Ein Wächter, der den Himmel bewohnt.
Mit Augen klar und gold'ner Macht,
Bewacht er die Sterne in der Nacht.

Die Wolken ziehen leise vorbei,
Sein Blick bleibt stark und frei.
Er kennt die Wege, die Sterne gehen,
Weit über dem irdischen Seen.

In der stillen, sanften Himmelsruh,
Folgt er den Bahnen stets im Nu.
Mit weisem Lächeln, still und alt,
Bleibt er, der Himmelswächter, kalt.

Ein einsamer Stern fällt von der Hand,
Doch er greift ihn, fest wie ein Band.
Im ewigen Mitternachts-Glanz,
Führt er den kosmischen Tanz.

So ruht er, der ewige Wächter,
hört sanftes Wispern im Nächte.
Hoch über den Wolken allein und rein,
Wird immer ein Himmelswächter sein.

Engel ohne Freiheit

Flügel stark und doch gebunden,
Ein Engel, der die Freiheit gefunden.
Sehnsucht tief in jedem Blick,
Träumt von Freiheit und Glück.

Die himmlischen Ketten halten fest,
Doch sein Herz sehnt sich nach dem Rest.
Die Welt zu sehen, zu fühlen, zu sein,
Doch bleibt er in seinem Himmelshein.

Sein Lied ist weich, von Trauer schwer,
Denn Freiheit wünscht er sich so sehr.
Die Wolken bieten keine Rast,
In goldenem Käfig hält er fast.

Jeder Tag gleich, im himmlischen Licht,
Er träumt von einem irdischen Gesicht.
Doch das Himmelsband hält ihn hier,
Freiheit bleibt ein ferner Ort, ein Zier.

In leiser Nacht, wenn Mondlicht fällt,
Träumt er von einer freien Welt.
Ein Engel, der nicht fliegen kann,
wünscht sich Freiheit, irgendwann.

Himmlischer Kerker

Ein goldener Käfig am Himmelszelt,
Ist das, was Engel gefangen hält.
Die Freiheit bleibt ein ferner Schein,
Gefesselt von himmlischen Reih'n.

Der Himmel weit, doch Seelen klein,
Gefangen in des Himmels Reim.
Die Flügel schwer, der Geist so frei,
Doch bleibt er in der Enge dabei.

Jeder Stern ein ferner Traum,
Gefangen bleibt er im himmlischen Raum.
Die Wolken tragen keinen Trost,
Die Freiheit bleibt ein fernes Post.

Ganz leise flüstert der Wind vorbei,
Doch bringt er keine Freiheit herbei.
Die Fesseln stark, das Herz so fest,
Erträgt er seinen himmlischen Rest.

Ein himmlischer Kerker aus Licht,
In dem kein Engelsein zerbricht.
Er träumt von Freiheit, weit und klar,
Doch bleibt der enge Kerker dar.

Traum im Himmel

Ein Traum erblüht im Himmelsschein,
So zart und rein, ein Bild so fein.
Die Sterne funkeln, die Nacht erwacht,
Ein Traum, im Himmel festgemacht.

Unter Sternen tanzen die Seelen bunt,
Ein Reigen, der die Nacht umrund't.
Die Träume weben ein zartes Netz,
Ein Himmelsbild im Sternenbesitz.

Der Mond, er lächelt sanft und klar,
Hüllt Träume ein, macht sie wahr.
Ein Moment der Ruhe, eine himmlische Nacht,
Ein Traum im Himmel leise erwacht.

Die Wolken küssen die Träume sacht,
Und tragen sie durch die himmlische Nacht.
Ein Traum, der fliegt im Sternenwind,
Ein himmlisches Geschenk für jedes Kind.

So träume sanft im Himmelsmeer,
Die Sterne leuchten dir umher.
Ein Traum im Himmel, sanft und leicht,
Bis der Morgen erwacht und der Tag anbricht.

Gefangenschaft der Lüfte

In der Höhe, wo die Wolken zieh'n,
Tragen Winde ihre Last.
Doch die Freiheit bleibt verborgen,
In des Himmels festem Rast.

Schwingen breiten sich vergebens,
Leise flüstert das Geflecht.
Träume bleiben ungeboren,
Wie ein zartes Himmelsrecht.

Zwischen Sternen und den Flügeln,
Grenzenlos die Sphäre.
Doch in Ketten uns gebunden,
Freiheit nur noch leichte Schwere.

Spiegelbilder, die verfälscht,
Leben in der Luft verweht.
Unsichtbar sind uns're Pfade,
Durch die Lüfte nie gesehen.

In dem Käfig, der so weit,
Klingt das Lied der Ewigkeit.
Doch die Freiheit bleibt verborgen,
In des Himmels Einsamkeit.

Sphären der Isolation

Hoch empor in kalte Weiten,
Wo die Stille um uns webt.
Kein Geräusch, nur Herzenschlagen,
Das in Einsamkeit erbebt.

Ferne Klänge, die verhallen,
In der Leere, weit und breit.
Isolation uns umschlinget,
In der grenzenlosen Zeit.

Sehnsucht nach den fernen Stimmen,
In des Himmels kaltem Glanz.
Doch die Stille wird zum Banner,
In der klaren Sphären Tanz.

Langsam zerrinnt uns're Hoffnung,
Wie ein Schatten auf der Wand.
Fremde Sterne, fernes Flimmern,
In dem isolierten Land.

Doch im Herzen kleines Flüstern,
Keimt ein Funke, nie verlor'n.
In den Sphären der Isolation,
Wird vielleicht ein Glück gebor'n.

Licht im Kerker

Tief im Dunkel, wo wir ruhen,
Scheint ein Funke weit entfernt.
Licht durchdringt die kalten Mauern,
Hat den Weg zu uns gelernt.

Hoffnung weckt die bleichen Geister,
In dem Kerker dunkel, schwer.
Wie ein Stern in fernsten Nächten,
Funkelt Licht uns immer mehr.

Schritte hallen, leise, lenkend,
Durch die Gänge, eng und kalt.
Doch das Licht lenkt unsere Sinne,
Wird zur Flamme, die uns halt.

Ketten klirren, doch zerfallen,
In dem sanften Sonnenschein.
Licht in tiefem Kerker strahlet,
Leuchtet in das Herz hinein.

Glaube keimt in finst'rer Tiefe,
Freiheit scheint im leichten Glanz.
Licht im Kerker uns erhebet,
Hin zu neuem Lebenskranz.

Gefesselte Stratosphäre

Hoch im Äther, grenzenlos,
Schwebt der Himmel, weit und klar.
Doch im Geiste eingesperret,
Bleibt die Seele sonderbar.

Winde tragen uns durch Räume,
Doch wir fühlen nur den Schmerz.
Grenzen schlingen uns're Schwingen,
Fesseln eng umschließen's Herz.

In der Stratosphäre dunkle,
Leuchtet Kälte, Grau und Blau.
Wie ein Netz uns umgefangen,
Bleibt des Himmels weite Schau.

Sterne glänzen, ferne Träume,
Doch der Geist in Ketten schwer.
Stratosphäre, hoch und einsam,
Bietet keine Freiheit mehr.

Doch im Innern leise, still,
Keimt ein Traum von freiem Flug.
Gefesselte Stratosphäre,
Wird zum Zeichen uns'rer Tugend.

Der bewegte Himmel

Wolken ziehen sanft vorbei,
Am Firmament, so himmelweit.
Das Himmelszelt, es tanzt, es kreist,
In Farbenpracht, die Zeit zerreißt.

Die Sonne, gold'ner Glanz umher,
Schickt Strahlen hin, von fern und mehr.
Am Horizont, das Licht erwacht,
Im Schattenreich zur letzten Nacht.

Bald kommen Sterne leis' hervor,
Im stillen Tanz, ein silber Chor.
Einflüsternd Träume, fern und nah,
Der Mond steht wach und ist schon da.

Der Wind verweht die Wolken schnell,
Ein Lied erklingt im Himmelszelt.
Die Zeit verfliegt im Hauch der Nacht,
Ein neues Morgen wird erwacht.

Das Firmament so tief und weit,
Verweilt im Raum der Ewigkeit.
Des Himmels Tanz ist niemals stumm,
Ein Kreislauf anfängt, ohne Ruhm.

Blaues Gefängnis

In Gitterwänden blau gefangen,
Träumt die See von fernen Strangen.
Am Horizont, ein Schleier Licht,
Der Freiheit Bild will nicht in Sicht.

Die Wellen treten bang ans Ufer,
Sie suchen diesen weiten Rufer.
Gefangen in dem blauen Saum,
Verzehrte Träume bleiben Traum.

Die Sterne spiegeln sich im Meer,
Kein Platz, kein Ausweg, niemals leer.
Das Wasser tobt und bricht die Nacht,
In grenzenloser, blauer Pracht.

Ein Flüstern tief aus Wellentief,
Wo Sehnsucht ihre Kreise lief.
Gefangen in dem flimmernd Blau,
Ein weinend Herz, so kalt und rau.

Doch morgens wird die Nacht erleuchtet,
Und neues Licht in Farbe deutet.
Ein Streifen Freiheit, fern noch kühn,
Verweilt im Blau, das ewig grün.

Eingesperrtes Licht

Durch Ritzen strahlt das Licht herein,
Geheimnisvoll im Kerker klein.
Ein gold'ner Faden, sacht und still,
Der Hoffnung schenkt, was Hoffnung will.

Es tanzt im Staub, so hell und rein,
Ein Funken Glanz im Mauerstein.
Ein Strahl, der durch das Dunkel bricht,
Ein kleines Segel, feines Licht.

Gefangen in der Enge Raum,
Verhüllt der Schatten stillen Traum.
Doch wo ein Spalt von Licht zu seh'n,
Kann Hoffnung neues Leben geh'n.

Die Wände sprechen stumm zurück,
Ein Lichtschimmer verlieh Glück.
Geborgen bleibt in Dunkelheit,
Ein Tropfen Licht, das ewig scheint.

So wächst im Schatten still das Sein,
Ein Licht, so zart und doch so rein.
Eingesperrt, doch niemals klein,
Ein Wille stark im Lichte ein.

Sternenhaft umklammert

Am nächt'gen Firmament erstrahlt,
Ein Stern, den Traum uns zahlt.
In Dunkelheit, so weit und leer,
Ein Glanz von Träumen, heute mehr.

Von lichtem Glanz umschlossen fein,
Der Stern schaut in die Nacht hinein.
Nach Sehnsucht greift im kalten Raum,
Verliert sich sachte, verliert sich kaum.

Umklammernd still die Sternenschau,
Ein Herz im Takt des Himmels Blau.
Die Nacht, vom Glanz der Sterne hell,
Kein Menschenseh'n, nur Sternenquell.

Der Wind singt weise, still und klar,
Er trägt des Himmels Lieder gar.
Umklammert in des Sternes Licht,
Findet jeder Traum Gewicht.

Ein endlos Band aus Sternenschein,
Zieht leise, still in uns hinein.
So bleibt der Himmel ewigklar,
Umklammert licht von Sternenschar.

Luftige Ketten

Sanftes Flüstern in der Luft,
Bäume singen, Vögel schweben,
Wind trägt Ketten, ohne Zwang,
Freie Fahrt durch grüne Reben.

Wolken formen lichte Pfade,
Himmel weit und ungezähmt,
Träume weben lufte Ketten,
Freiheit stets als Ziel erträumt.

Feine Bande halten leicht,
Klarer Wind im Sommerwehen,
Luftig fliegen, nie gebunden,
Herzen öffnen, nichts verwehen.

Hände greifen, doch verfehlen,
Leichtigkeit im Geiste waltet,
Gedanken, frei wie Luft und Wind,
Unbegrenzte Hoffnung schaltet.

Luftige Ketten binden sanft,
Unbeschwert durch Zeiten wandern,
Reisen unterm Himmelszelt,
Frieden in den Seelen handeln.

Gefangen im Kosmos

Sterne funkeln, Weltenferne,
Kosmos weitet sich ins Nichts,
Ewigkeit im Blick der Sterne,
Seelen reisen, finden Licht.

Schweben durch die Weitenräume,
Raumschiff aus Gedankenfäden,
Schwarze Löcher, helle Träume,
Fern der Erde, fern den Nähten.

Planeten ziehen ihre Kreise,
Unbekannte Welten tauchen,
Ferne Welten, bunte Reise,
Raum und Zeit im Geiste rauchen.

Immenser Kosmos, endlos Weite,
Grenzenloser Traum der Nacht,
Wogen dunkel, leuchten weiter,
Freiheit stets im Kopf entfacht.

Gefangen in den Sternenbildern,
Kosmen füllen unser Dasein,
Ohne Ende, voller Wunder,
Schwerelos, mit allem eins.

Sphären des Schweigens

Stille Sphären, Ruhezeit,
Schweigen hallt durch dunkle Räume,
Nachts, wenn nur die Seele schweift,
Findet Frieden, webt sich Träume.

Stille Melodien klingen,
Leise, kaum ein Laut zu hören,
Doch in tiefen Seelen singen,
Töne, die im Herzen stören.

Schweigen spricht in tausend Farben,
Worte wirken tief und sacht,
Ruhe findet ihren Hafen,
In der stillen, klaren Nacht.

Nebel hüllt die Welt in Ruhe,
Träume formt des Schweigens Kraft,
Herzen ruhen sanft im Zuge,
Das der Unruh' Einhalt schafft.

Sphären, tief in Schweigen hegen,
Sanft getragen durch die Zeit,
Sogen die Gedanken pflegen,
Frieden finden, weit und breit.

Gefesselter Nimbus

Leuchte, strahlend, lichter Rahmen,
Eng gefasst in starken Banden,
Nimbus voller Pracht und Glanz,
Doch gefesselt, nie entbranden.

Glänzt in wunderbarer Pracht,
Feines Licht in Engelshaaren,
Doch die Ketten halten wach,
Gefangen, leuchtend in den Jahren.

Freiheit schimmert, scheint so nah,
Doch die Fessel hält es nieder,
Strahlen möchten weit hinaus,
Bleiben, warten immer wieder.

Hoffnung keimt in golden Strahlen,
Ein Moment, die Bande fällt,
Leuchtet weiter, ohne Halten,
Frei schwebt nach einzigem Gefällt.

Gefesselter Nimbus, Auren,
Tragen Licht in starker Hand,
Schließlich Frieden findend Wandern,
Durch die ewig weite Land.

Astralverdammnis

Unter Sternen hoch und klar,
Strahlt des Nachts ein fernes Licht,
Doch Vergessen bleibt nicht fern,
In der Dunkelheit erlischt.

Seelen treiben still dahin,
Gleich dem Wind im Blätterspiel,
Doch sie finden keinen Sinn,
In des Himmels hohem Ziel.

Sterne flüstern alte Träume,
Von der Ewigkeit bekränzt,
Doch im Schatten ihrer Räume,
Bleibt der Mensch stets aufgebläht.

Zwischen Himmel und der Nacht,
Flieht die Zeit in stillem Flug,
Doch des Kosmos tiefste Macht,
Bleibt ein Rätsel, ein Betrug.

Astral, die Wege weit und leer,
Wandeln Lippen, Worte schwer,
Doch der Sinn des Seins so fern,
In der ewig klaren Stern.

Versperrter Himmel

Hinter Wolken, tief verborgen,
Liegt der Himmel unerkannt,
Träume sterben, ungeboren,
In des Windes kaltem Land.

Sonnenstrahlen, blass und matt,
Brechen kaum das Grau befreit,
In der Stadt der Sterne satt,
Bleibt das Licht ein ferner Eid.

Vögel fliegen stumm im Kreise,
Ohne Richtung, ohne Ziel,
Doch des Schattens alte Weise,
Bleibt in Herzen kühl und still.

Segel spannen leer im Winde,
Planken knarren, Zeit vergeht,
Doch des Meeres tiefe Gründe,
Bleiben unbewohnt und spät.

Versperrt der Himmel, Tür um Tür,
Bleibt das Leben ohne Spur,
Doch die Hoffnung wagt sich rauf,
In die Nächte sternenlauf.

Gefangene Aurora

Lichter tanzen in der Ferne,
Farbenstrahlen, ohne Ruh,
Doch ihr Glanz ist nur die Ferne,
Eingekerkert wie im Nu.

Morgentau auf Blüten Zweigen,
Schimmert hell im ersten Schein,
Doch des Himmels weite Reigen,
Bleibt ein unsichtbarer Keim.

Sanft erwacht die Welt im Dämmer,
Strahlen brechen ungewohnt,
Doch im Herzen weint ein Hämmer,
Für das Licht, das nimmer wohnt.

Stille flüstert, sanfte Weisen,
Doch die Freiheit bleibt verwehrt,
In den Schlünden alter Kreise,
Wird der Morgen nicht gehört.

Gefangen in Aurora's Glanz,
Tanzen Strahlen ohne Tanz,
Doch des Lichtes tiefer Kern,
Bleibt gefangen, ewig fern.

Himmelszellen

In den Wolken tiefer Schlummer,
Träume warten, fest verschlossen,
Doch des Windes leiser Hummer,
Bleibt in Herzen ungenossen.

Nächte färben alle Sterne,
Mit des Schattens dunklem Mund,
Doch der Tag, so sanft erscheine,
Bleibt dem Morgen nicht gesund.

Winde zischen, Wolken fliehen,
Doch der Himmel bleibt gefangen,
In den Zellen, die nicht ziehen,
Bleibt der Blick stets streng vergangen.

Findet Ruhe keinen Frieden,
In des Himmels hohem Netz,
Bleibt das Sehnen tief entschieden,
In der Freiheit, stets verletzt.

Himmelszellen, eng und klein,
Halten Licht in engen Reihen,
Doch das Sein, so groß und fein,
Bleibt im stillen Raum zu schreien.

Astrale Sehnsucht

Im Schweigen tanzt der Nebel leise,
Der Wind flüstert ins Sternenlicht,
Im Traum vergehen Raum und Weise,
Sehnsucht sucht ihr Angesicht.

Weit fern der endliche Horizont,
Wo Seelen sich zur Reise wiegen,
Auf Silberflügeln sanft entschwandt,
Suchend, was wir nie besiegen.

Der Himmel weint in allen Farben,
Ein Meer aus Licht, in Ruh verbaut,
Die Dämmrung hält die Nacht umschlungen,
Im ungestillten Herzenslaut.

Durch Sternenstürme, flieh' ein Flimmern,
Im Unbegriff, der Worte trüb,
Dort, wo die ew'ge Flamme lodern,
Ruh' sanft das Herz, das niemals liebt.

Ein sehnsuchtsvoller Augenblick,
Gefangen im galaktischem Traum,
Auf Sternenwogen, fern empfindend,
Wo Sternenstaub ein Herz erbaut.

Gefangene Ewigkeit

Die Zeit verklärt in stummen Stunden,
Gefangen in des Schicksals Netz,
Wo Hoffnung wandelt, ungesehen,
Und jede Seele weint zuletzt.

Die Ewigkeit in Ketten liegt,
In der Vergängnis Zauberarm,
Ein Funke, der den Himmel spiegelt,
Doch niemals findet Heimathymn.

Die Rätselhaftigkeit des Seins,
Verwoben im Gedankenflor,
Die Sterne singen's süsse Lied,
Im Herzen hallt das Echo vor.

Flammende Lichter fahl verglimmen,
In jenen Tiefen ohne Zeit,
Doch dort, im Schweigen unbenannt,
Ruhmlose Ewigkeiten breit.

Ein Sehnen, tief verwurzelt fort,
Im Erdreich stiller Traurigkeit,
Ein Herz, gequält vom Drang der Zeit,
Erlöste nie die Ewigkeit.

Unendlichkeit in Fesseln

In Ketten liegt des Lichtes Glanz,
Verboten, frei zu wirken schlicht,
In dunkler Nacht, gefang'ner Tanz,
Die Unendlichkeit in Fesseln spricht.

Versunken ist die lichte Weite,
Verklungen ist des Windes Spur,
Erstrahlt kein Stern, der Dunkles meide,
In ewig' Nacht verliert sich nur.

Ein sehnend Herz in Kette nieder,
Gebunden an ein fernes Ziel,
Doch träumt es frei, es ruft hindurch,
Der Seele Flügelschlag im Spiel.

Wo Schattenflügel sanft verwelken,
Im Hauch der Zeit das Licht versiegt,
Dort harren Seelen, stumm gefangen,
Wo Ewigkeit vergeblich liegt.

Ein Klagelied, gefesselt hallt,
Die Sternenruhe bleibt versperrt,
Ein Herz, das in der Tiefe strahlt,
Ein Licht, das nie das Dunkel nährt.

Himmelskarzer

Im Kerkerraum der Himmelsweiten,
In Stille dringt der Seelen Schmerz,
Verloren durch die Zeiten Wildnis,
Ein Blick, der sinkt ins dunkle Herz.

Die Weiten tragen Lasten schwer,
Im Himmelsstaub, der fallend weilt,
Ein Sternenblick verhangen sehr,
In Wachen liegt der Traum geteilt.

Ein Sehnen wächst aus kalten Mauern,
Wo Licht und Schatten streiten mild,
Im Sehnsuchtskampf der stillen Dauer,
Ein Frieden, der in Ketten quillt.

Die Nacht umarmt das stille Gitter,
Des Sternenmeeres dunkles Mahl,
Gefangen in dem Glanzgeflitter,
Ein Herz im ewigen Todespfahl.

Gebrochen in des Himmels Raum,
Ein Traum, der ewig fort verweilt,
Doch tief im Kerker bleibt Verzeih'n,
Ein Licht, das in der Dunkelheit heult.

Gestirne in Ketten

Gestirne in Ketten, unsichtbare Bänder,
Halten die Sterne in endlosen Wänden.
Lichtjahre weit in der Finsternis schwanken,
Träumen von Freiheit in leuchtenden Rampen.

Gefangen im Glanz, der niemals erlischt,
Flackern die Flammen, die Ewigkeit küsst.
Planeten begleiten den tanzenden Schein,
Drehen sich ewig im kosmischen Reim.

Sterne, die leuchten, doch niemals entfliehen,
Ihr Glanz soll über das Dunkel gediehen.
Rufen nach Freiheit im grenzenlosen Raum,
Doch der Kosmos bleibt stumm, kein erfüllter Traum.

Schwärze verschlingt jede Sehnsucht nach mehr,
Ein Käfig aus Licht in der Unendlichkeit schwer.
Sie kreisen und kreisen, ihr Schicksal geschrieben,
In den Bändern des Raumes verflochten geblieben.

Nimmer vereint mit dem endlosen Dort,
Tragen die Sterne ihr glühendes Kleid fort.
Ketten aus Licht, die uns alle verbinden,
Eine Geschichte, die nie wird verschwinden.

Der Bann des Unbekannten

Im Nebel der Welten, verborgen und still,
Lauert das Fremde, doch jeder will
Ergründen, erfassen, doch nie ist es klar,
Was hinter dem Vorhang einst sichtbar war.

Der Schatten des Unbekannten leiht
Seine Geheimnisse in dunkelster Zeit.
Licht wird erhellen die Dunkelheit kaum,
Führt uns durch Träume in zaubernden Raum.

Oh Schleier, der uns allen verbirgt,
Was das Dunkel des Geistes in Wahrheit umzirkt,
Beschütze die Geheimnisse jenseits der Sicht,
Führ' uns durch Nebel ins scheinende Licht.

Verlockend die Frage, magisch die Macht,
Die das Unbekannte über uns bracht.
Ein ewiges Rätsel, von Sternen erhellt,
Eingebettet in die Träume unserer Welt.

In Tiefen und Höhen, verborgen im Staub,
Ruht das Geheimnis, das keiner verdaut.
Jeder versucht es, jeder verliert,
Bis das Unbekannte die Seele verführt.

Gefangen in der Aurora

Die Lichter tanzen, nordwärts gehüllt,
Gefangen im Glanz, der Himmel erfüllt.
Nebelschwaden, die Farbschleier sein,
Gefangen des Nachts im magischen Schein.

Zwischen Himmel und Erde, wo Träume verfliegen,
Lässt Aurora die Farben im Takt der Nacht wiegen.
Ein Lichtermeer, das den Atem verstummt,
In den Tiefen des Nordens, wo alles verstummt.

Polarlichter, die im Raumgewebe verweben,
Ein Schauspiel des Himmels, lebendig und eben.
Gefangen im Tanz, der niemals vergeht,
Ein Farbenspiel, das im Herzen entsteht.

Ein Hauch von Magie, der die Welt umspannt,
Das Licht, das in Farben den Himmel verbannt.
Gefangen wir sind in dieser Pracht,
Verzaubert, verwoben in der endlosen Nacht.

Aurora borealis, das Nordlicht, so klar,
Märchenhaft schimmert es, wunderbar.
Gefangen im Bann dieser magischen Welt,
Die Farben des Nordens, die die Seele erhellt.

Zwischen Himmel und Erde

Zwischen Himmel und Erde, wo Träume verwehn,
Liegt ein geheimnisvolles Wolkengeflehn.
Ein Land, das sich dehnt in unendlicher Weite,
Ewig vereint, was die Schöpfung bereite.

Hier kreuzen die Wege von Mensch und Stern,
Ein Ort der verbindet, nah und doch fern.
Begegnen sich Geister, die Zeit überdauern,
Verschmelzen im Takt zwischen Himmel und Mauern.

Im Licht der Dämmerung, sanft und klar,
Erscheint eine Welt, so wunderbar.
Gebunden im Raum, wo die Seelen sich neigen,
Zwischen Himmel und Erde die Wunder sich zeigen.

Ein Hauch von Ewigkeit, ein Moment der Ruh,
Hier schweben die Träume im zarten Nu.
Ein Königreich aus Wolken, aus Strahlen gebaut,
Zwischen Himmel und Erde, wo das Leben erschaut.

Gewebt aus Zeit und Raum, im Nebel versteckt,
Ein Ort, der das irdische Dasein erweckt.
Hier lauschen wir still, was das Herz uns erzählt,
Wo Himmel und Erde die Geheimnisse wählen.

Gefesselte Sterne

Am Rande der Nacht, tief im Raum
Funkeln Sterne, doch fühl'n sie sich kaum
Fesseln aus Licht halten sie fest
In Ewigkeit, wo Zeit sich verlässt

Fern von den Welten, fern von den Träumen
Hoffnung, ein Flüstern aus fernen Säumen
Gebunden am Schatten, so leise und klar
Der Schrei der Freiheit, für immer nur rar

Eine Kette aus Gold, ein Band aus Gedanken
Warten die Sterne, ihr Leuchten zu senken
Doch in der Dunkelheit, sie bleiben gefasst
Träumen von Welten, die keiner mehr fasst

Im kosmischen Tanz, so stumm und allein
Sehnsucht nach Freiheit, wird niemals ihr Heim
Gefesselt am Himmel, sie blicken herab
Auf uns, die wir leben in endloser Hab

Ein jedes Sternenlicht, wie ein Band
Invisible, doch stark, wie unsichtbare Hand
Im Herzen des Raums, in der Tiefe der Nacht
Gefesselte Sterne, in ewiger Pracht

Gefangen im Lichtmeer

Im Lichtermeer, so blendend und hell
Leuchtet die Seele, es scheint wie ein Quell
Gefangen im Glanz, im Strahlenmeer
Suchen wir Freiheit, doch finden sie schwer

Der Funke des Lebens, so nah und doch weit
Gebunden ans Strahlen, in flammender Zeit
In Lichtwellen tanzend, verloren im Sein
Eine Suche nach Schatten, im ewigen Schein

Ein Ozean des Lichts, kein Ende in Sicht
Gefangen im Traum, der niemals bricht
So schön und so fremd, so nah und doch fern
Das Lichtmeer lässt uns, niemals entbehr'n

Inmitten des Strahlens, in Zeiten der Not
Vergessen wir Dunkelheit, zählen kein Lot
Die Schatten der Nacht, wo bist du versteckt?
Im Lichtmeer gefangen, so fern und erweckt

Wir baden im Glanz, wir suchen den Grund
Doch tief in der Helle, bleibt alles verbund'n
Gefangen im Lichtmeer, kein Entkommen hier
So bleiben wir ewig, bei Lichtern im Wir

Sphärische Einsamkeit

In der Ferne des Alls, wo die Stille regiert
Einsamkeit webt, wo kein Licht sich verliert
Zwischen den Sternen, wo niemand gehiert
Schweigt die Leere, wo das Nichts uns berührt

Sphären von Raum, eine Woge des Seins
Umarmen die Leere, doch stets nur allein
Eine Reise der Seele, durch endlosen Schein
In sphärischer Weite, ohne Grenzen und Pein

Jeder Gedanke ein Flüstern, im Wogen der Nacht
Einsam verweilen, durch Stille bewacht
Die Leere ein Spiegel, was jegliches ummacht
Träumen von Nähe, doch Einsamkeit wacht

Sterne zersplittern, wie Tränen des Lichts
Hoffnung verblasst, im Gleißen von nichts
Sphären geworden, zur Heimat des Zwists
Einsamkeit siegt, in der Ferne des Nichts

In der Tiefe des Raums, ein Niemandsland
Einsamkeit wandert, Hand in Hand
Zwischen den Sternen, so leise und sanft
Sphären erwarten, was niemand ahnt

In den Himmelsklauen

Der Himmel greift nieder, in Klauen aus Raum
Finstere Schatten, wachsen – ein Albtraum
Gefangen im Griff, zwischen Sternen versteckt
In den Himmelsklauen, wo Licht sich verschreckt

Ein Funken der Hoffnung, wird kläglich erdrückt
Verloren in Klauen, wo das Dunkel sich bückt
Zwischen den Welten, ein stummes Gebet
Ein Schrei in der Finsternis, der schlussendlich vergeht

Die Herrschaft der Stille, die Kälte sie weht
In Himmelsklauen gefangen, wo kein Licht versteht
Jeder Atem ein Flüstern, vom Dunkel verzehrt
Ein Leiden, das endlos, das niemals kehret

Aus Ewigkeitsdunkel, ein Sehnen entfacht
Nach Freiheit, nach Licht, das keinem erwacht
Die Himmelsklauen greifen, sie halten so fest
In des Alls' kalter Gnade, da weilt kein Geäst

Ein Jeder von uns, in den Himmelsklauen
Gebunden an Finsternis, in Taten verhauen
Doch träumen wir leise, von einem Gelicht
Jenseits der Klauen, im endlosen Licht

Wolkenfesselung

Am Himmel zirrend Wolken stehn
das Licht so fern, so frei,
doch Ketten bilden leis ein Band,
das hält sie fest im Mai.

Die Lüfte tragen sanft die Last
von trägen Träumen sacht,
Gefangen im Äthermeer,
die Freiheit nur bedacht.

Die Strahlen brechen durchs Geäst
ein glanzend, golden Flair,
und malen Schatten auf die Haut,
die gebunden ist so sehr.

Wolken ziehn in stiller Nacht,
es singen die Gezeiten,
wo Licht und Luft verbunden schwebn,
uns holde Nachtgeleiten.

So bleibt der Himmel mitternacht,
der Seelen Flug gesperrt,
doch Hoffnung ruht auf jeder Wolk,
dass keine Kette mehr.

Gefesselter Aurora

Im Morgenrot der Himmel bricht,
ein Farbenspiel so rein,
Aurora, die gefesselten Schwingen,
im Zwielicht Himmels Schein.

Die ersten Strahlen tastend weich,
doch fest umringt von Trauer,
die Dämmerung in stiller Macht,
der Kettengliederschauer.

Durchs Dunkel kämpft sich bleiche Glut,
ein Streben ohne End,
ein Hoffnungsschimmer sacht erklingt,
von Freiheit leisem Band.

Des Nordlichts Tanz erstrahlt in Ruh,
das Wehmut tränend schweift,
wo Himmelsfeuer, stumm und stark,
durch Ketten niemals greift.

In Farbenpracht das Licht entschwebt,
die Sterne sacht verwehen,
Aurora, still und sanft gefesselt,
doch träumt im Morgen gehen.

Kosmische Gitterstäbe

Der Weltraum weitet endlos sich,
doch Gitter er umspannt,
Galaxien in Gefängniszellen,
des Kosmos Hand gebannt.

Die Sterne funkeln, leise klirrt
die Ewigkeit der Nacht,
durch kosmische Gefängnisträume,
die stillen, leisen Wacht.

Gebunden sind die Himmelslichter,
im Netze aus Enge,
doch Hoffnung zieht durch jede Zelle,
ein ferner Sehnsuchtsklänge.

Die Nebelwolken tanzen sacht,
gleich Träumen einer Schar,
verloren in des Raumes Grenzen,
wird Zeit und Raum so klar.

Ein Jeder Stern, gefangen bleibt,
die Freiheit nur ein Traum,
im Räderwerk der Wirklichkeit,
der Raumzeit stille Raum.

Gefangene Astronomie

Durchs Teleskop die Sterne pracht,
doch weite Ferne bleibt,
Gefangene Astronomie,
die Himmelsweiten treibt.

Die Schwarze Löcher, kreisend still,
im Nichts ein enges Band,
das Firmament, so weit es scheint,
in Ketten stumm verbannt.

Ein jeder Stern, ein Sehnen nur,
ein Licht der langen Nacht,
gefangen in des Himmels Herz,
in Welten still gemacht.

Galaxien, fern und doch so nah,
als Träume frei gedacht,
in kosmischer Gefängnisnight,
die Hoffnung Sonnen sacht.

Die Astronomen, schauend tief,
durch Räume Zeit und Licht,
Verloren in den Weiten ganz,
doch Ketten brechen nicht.

Milton Keynes UK
Ingram Content Group UK Ltd.
UKHW021014110624
444053UK00014B/691